F. Christoph Schiermeyer
Ein kleines Kind

IMPRESSUM

© F. Christoph Schiermeyer

Erstveröffentlichung 1992 im Eigendruck

Neuveröffentlichung 2025 mit zwei
zusätzlich angefügten Gedichten

Verlag: BoD · Books on Demand GmbH,

Überseering 33, 22297 Hamburg,

bod@bod.de

Druck: Libri Plureos GmbH,

Friedensallee 273, 22763 Hamburg

ISBN: 978-3-7557-0710-3

F. Christoph Schiermeyer

EIN KLEINES KIND

Gedichte mit Zeichnungen
von Wolfgang Spree

Für Mechthild, Michael und Charlotte

Kleines Rätsel

Ein kleines Kind, wenn es geboren,
hat im Regelfall zwei Ohren.

Auch zwei Hände, Füße, Beine -
Haare allerdings oft keine:

Nicht geschoren - nicht verloren ---
Kleines Rätsel ist geboren.

An der Wiege

Ein kleines Kind macht alle froh:
Es muss nur brav da liegen,
schon tönt es ringsum "Ah!" und "Oh!",
als würd' es Loopings fliegen.

Und macht es gar ein Auge auf
und tut mal kräftig niesen,
sieht man im weiteren Verlauf
die Tränen reichlich fließen...

Ein kleines Kind hat keine Last
damit: Es wartet heiter,
bis sich die Umwelt wieder fasst
und schläft dann friedlich weiter.

Auf den ersten Blick

Ein kleines Kind folgt keiner Logik,
das sieht man auf den ersten Blick:
Es ignoriert die Pädagogik
und vorher schon den Pillenknick.

Es kümmert sich auch keine Spur
um "Mutterschutz" und "Kindergeld"
und kommt - selbst ausgerechnet - nur
nach eigner Zeitrechnung zur Welt.

Ein kleines Kind, ob Tochter, Sohn,
folgt einzig der Intuition...
Und bis man das endlich begreift,
ist man zu Großeltern gereift.

Der Diener

Ein kleines Kind ist ein Geschenk --
das man nur machen sollte
an jemanden, der furchtlos vor
beständiger Revolte!

Denn was es sich von dir auch wünscht
und flehentlich ersehnt --
Es ist stets das, was es hernach
mit aller Macht ablehnt.

Das ist nicht etwa böse List
und Laune eines Windes:
Du musst nur wissen, dass du bist
der Diener deines Kindes!

Großes Kind

Ein kleines Kind wird endlich groß,
doch niemals recht erwachsen:
Für Eltern markiert Mäxchen bloß
plötzlich den großen Maxen.

Er wird ein Herr und duzt per Sie
und treibt, streng atheistisch,
so lange kühl Philosophie,
bis er streng pietistisch...

Das ist nun keineswegs ein Witz
und will auch nicht belehren.
Denn Leben, Liebe, Geistesblitz
hilft, alles umzukehren!

Musikalisches Opfer

Ein kleines Kind ist kinderleicht
aufs Höchste zu entzücken:
Es freut sich schon, darf es vielleicht
die Klospülung mal drücken.

Dann steht es wie im Traum entrückt
und hört die Bächlein fließen
und ist kaum weniger beglückt
als wir, die Bach genießen...

Es fehlt ihm noch der Unterschied
von Kunst und Ohrensausen -
Doch wenn ihm solches wird zum Lied,
sind wir wohl die Banausen.

Orffeus in der Kinderwelt

Ein kleines Kind sagt gern "gewerft",
hat es den Ball geworfen.
Dagegen stand schon, leicht entnervt,
mit Mut einst auf Carl Orffen:

Wann immer tat das böse Wort
ein Kind mit Nachdruck sagen,
so musste es in einem fort
auf Hölzer rhythmisch schlagen...

Das hätte sich wohl fortgeführt
und bis auf uns vererbt,
wär' Orffen nicht, vom Schlag gerührt,
berühmt und reich gesterbt.

Die hohe Kunst des Ausdrucks

Ein kleines Kind sitzt auf dem Topf
zum Zwecke der Idylle:
Die ganze Haltung, Fuß bis Kopf,
weist auf Gedankenfülle.

Und will doch gar nichts sagen!
Geschweige denn "was machen".
Auch niemanden beglücken! --

So möcht', ganz ohne Fragen,
ein Künstler sich ausdrücken.

Goldner Mond und Abendsonne

Ein kleines Kind, in seinen Brei
vertieft mit beiden Händen,
neigt kreativ zur Malerei
ringsum an den vier Wänden.

Es malt dir hin den goldnen Mond
mit andächtiger Wonne
und, falls es nicht mit Lob belohnt,
dazu die Abendsonne...

Was macht man bloß mit solchem Kind,
wird man es schelten dürfen?
Als Kunstkenner und liebesblind
spricht mild man von "Entwürfen"!

Jeden Abend dasselbe

Ein kleines Kind wünscht gute Nacht
und schließt für kurz die Augen.
Dann ist es wieder aufgewacht
und will am Fläschchen saugen.

Es fehlt ihm auch sein Teddybär
und ein Schock Lieblingsbücher.
Und außerdem -- ich weiß nicht wer!
Und Mutters Trockentücher...

Energisch spricht man: "Jetzt ist Schluss!
Es ist schon weit nach sieben!
Und wenn ich noch mal kommen muss,
dann wird gleich aufgeblieben!" --

Schon fragt man sich, ob man vielleicht
zu streng in allen Dingen,
als sich zwei Ärmchen einschlafleicht
wie Samt um einen schlingen...

Was ein Kind alles braucht

Ein kleines Kind braucht keinen Schlaf
und selten was zu essen.
Das sollte man in keinem Fall
als Elternpaar vergessen!

Ein kleines Kind braucht einen Ball
und "Du-Du! Da-Da!" --- Weiter
begehrt es nichts! Dann ist es brav
und insgesamt recht heiter.

Wie oft sieht man hingegen noch
verzweifelt eine Mutter
vor eines Munds versperrtem Loch
mit Löffelchen voll Futter...

Das ist nun keineswegs sehr klug
und auch nicht mehr modern:
Ein Kindchen ist sich selbst genug,
drum hat man es ja gern.

Warum man
sein Kind taufen lassen sollte

Ein kleines Kind ist stets gefeit
vor Lust auf Händel, Zank und Streit,
lässt man es,
möglichst noch vorm Laufen,
in einer Kirche christlich taufen.

Schon wenn ihm lässlich steht der Sinn
nach Necken, Nörgeln oder Naschen,
bekennt es, frisch getauft: "Ich bin
mit allen Weihwassern gewaschen!"

Das raubt dem Feind sofort den Mut,
er spricht - und streicht die Segel -:
"Ich bin ein alter Tunichtgut!"
und lebt nach gleicher Regel...

So wird die Welt dann mit der Zeit
doch noch ein Hort der Christenheit.
Sankt Thomas nur im Himmel spricht:
"Ich seh' es wohl -
doch glaub ich's nicht!"

Yvonne Vanessa Gräfin Müller

Ein kleines Kind noch mehr beglückt,
wenn es ein schöner Name schmückt.
Nicht nur, dass dieser ehrt und ziert,
dadurch auch unterschieden wird
Karl-Heinz, etwa beim Steineschmeißen,
von Kindern, die ganz anders heißen...

Jedoch, ein Name kann zum Fluch
auch werden, steht im Haushaltsbuch
in Jahren: "Dieses Buch gehört"
- wobei dann auch schon
nicht mehr stört,
wie raumgreifend verfuhr der Füller -
"Yvonne Vanessa Gräfin Müller."

Wie klug wär' hier, auch wenn es gilt
zwei Jahre nur, ein Nummernschild,
das man so oft erneuern müsste,
bis man den wahren Namen wüsste:

Ein Name, der nicht wird zur Last,
der wie ein Schuh zum Fuße passt
und weder vorn, noch hinten drückt,
kurzum - ein Name, der beglückt.

Nichts schöner
als sein Kind zu tragen

Ein kleines Kind liebt nichts auf Erden
mehr als dies: getragen werden.
Und zwar stets zu einer Zeit,
da man nicht dazu bereit,
weil man schon, im Vorwärtshasten,
trägt an zentnerschweren Lasten:

An den Windeln für fünf Wochen,
an zehn Breichen, "leicht zu kochen"
zwar, doch darf man hier entdecken,
dass kein Brei dem Kind will schmecken,
an drei Kilo Apfelsinen
- dass nichts fehlt an Vitaminen! -,
an den Knochen für den Hund,
der in Pflege, und und und...

Keine Angst: Man macht nicht schlapp,
und kein Arm bricht einfach ab!

Erst wenn dann der Schlüssel fehlt,
fühlt man sich doch leicht gequält
und fragt vor dem Haus vergebens
jählings nach dem Sinn des Lebens!

Einerlei -- an solchen Tagen
freut nur eins: sein Kind zu tragen.

Der Hosenmatz

Ein kleines Kind trägt gerne Hosen:
Es liebt daran die Taschen.

Muss man die Hosen waschen,
entdeckt man, was der Hosenmatz
hineingetan: Zwei leere Platz-
patronenhülsen neben losen
Büroklammern, als Pretiosen
fünf bunt bemalte Kieselsteine,
drei Nägel, ein Stück Hundeleine
und - Höhepunkt und Krönung dieser
Privatsammlung - ein Heft Pariser...

Das alles wäscht man besser nicht,
weil das nur Kinderherzen bricht!

Stattdessen sucht man einen Platz
weitab vom Haus und legt den Schatz
so aus, dass sicher er verschwindet,
weil ihn ein andrer Sammler findet...

Dann kehrt man heim
und schneidet noch
in jede Tasche rasch ein Loch
und seufzt, wenn man zu Mittag döst:
"Schon wieder ein Problem gelöst!"

Vater weiß alles

Ein kleines Kind hat tausend Fragen,
auf die man keine Antwort weiß:

Ob Brillenschlangen auch schon tragen
Kontaktlinsen? Wie rund ein Kreis?
Was man, wenn man in Sturm gerate
auf einem Meer, als erstes täte?
Und: Wie man weiß, woher es zieht,
da man ja doch den Wind nicht sieht...

Man antwortet recht breit und lang,
betont den hohen Wert der Dichtung
und lenkt somit den Wissensdrang
geschickt in die gewünschte Richtung.

Dann lehnt man sich entspannt zurück
und hat für kurze Zeit das Glück,
dass voller Stolz die Kinder sagen:
"Den Vater kann man alles fragen!" -

Die Mutter nickt dazu im Kreis
der Lieben und seufzt tief: "Ich weiß!"

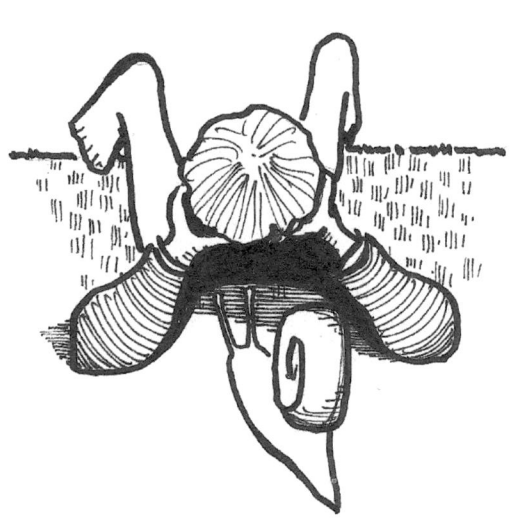

Der kleine Passant

Ein kleines Kind, geht es spazieren,
denkt dabei nicht ans Passieren:
An jeder Blume muss es riechen,
an jeder Schnecke seitwärts kriechen!

Nicht selten ist man selber schuld,
verliert man mählich die Geduld:
Denn Vaters Haupt in Kraut und Kresse
weckt auch des Kindes Interesse
für das, was der nur stumm betrachtet,
weil er des Kindes Neugier achtet...

Dergleichen nennt man "Teufelskreis",
was Gottseidank ein Kind nicht weiß:
Denn zwischen Moos
und Blumenstengel
trifft zweifellos es nur auf Engel.

Im Garten

Ein kleines Kind sitzt auf der Bank
und lässt die Beine baumeln.
Der Garten ist voll Vogelsang.
Zwei gelbe Falter taumeln

querbeet in Richtung Hinterhof,
wo sie sich heimlich lieben.
Auf einer Wand steht "Karl ist doof"
mit Kreide hingeschrieben.

Ein kleines Kind weiß nichts davon.
Erst später, mit dem Altern,
erzählt es zunehmend dem Sohn
von "Hinterhof" und "Faltern"...

Auf der Mauer

Ein kleines Kind, in Abenteuer-
lust, erklettert ein Gemäuer.
Von dort oben reicht der Blick
bis hinein nach Mosambik:

Wo bislang nur Nachbars Garten,
sieht es Tiere aller Arten
zwischen Apfelbaum und Kirschen
leichtfüßig auf Tiere pirschen...

Auch der Nachbar selbst, im Hemd,
wirkt nicht deplaziert und fremd:
Vorgestellt mit Speer und Schild,
passt er wunderbar ins Bild! --

Kleines Kind liegt auf der Mauer
und träumt, all das sei von Dauer:
Löwen, Affen, Antilopen -
Jederzeit die ganzen Tropen!! --

Doch prosaisch naht das Ende:
"Komm jetzt rein und wasch die Hände!"

Katzenlochbach-Melodie

Ein kleines Kind liebt Wörter wie
Katzenlochbach-Melodie.
Oder Himbeersaft-Magnet.
Oder Fleischer. Und Poet...

Obwohl von alldem - und da geht
es ihm wie uns! - es nichts versteht.

Vielleicht, dass es ein Fleischer wird...
Vielleicht, dass es ein Dichter wird...
Vielleicht, dass es, weil wohlverwahrt,
mit Lust und List längs aus der Art
in allem schlagen wird!? --

Ein Mutterherz gebiert
ihr längst Geborenes stets neu.
Ein Vater bleibt vor ihm stets scheu...
Ein kleines Kind hingegen pfeift,
was ihm grad passt!

Und wächst.
Und reift.

Vater Morgana

Ein kleines Kind, weil es sein Wille,
bekommt ein Eis:
Erdbeer, "Schoko" und Vanille...

Es ist heiß.

Es ist so heiß, dass Kinder nur
und Kellner überleben
im Zueinanderstreben...

In diesem Kampf der Stärksten ist
ein Vater bestenfalls Statist
(und für das Hosenmätzchen
grad noch ein Schlabberlätzchen).

Von Trost in solcher Situation
ist, dass in zwanzig Jahren schon
dasselbe Kind bestellt dem Greis
bei ähnlich hoher Temperatur:
"Zwei Whiskey pur ---

Ganz ohne Eis!"

Warum ein Kind
Steinchen in den Fluss wirft

Ein kleines Kind wirft kleine Steinchen
in einen großen Fluss.

Wenn es mal muss
- und das ist oft
für Eltern völlig unverhofft! -,
hebt es kein Beinchen.

Macht auch nicht "Wau!".
Kehrt nur den Blick nach innen
und lässt, was rinnt, still rinnen...

Dann gibt es dicken, feuchten Kuss,
fängt albern an zu kindeln.
Das heißt: "Mich stört zwar
nicht mein Duft,
doch ist mir jetzt nach neuer Luft
und unverbrauchten Windeln!" --

Ein kleines Kind wirft kleine Steinchen
in einen großen Fluss.
Nicht weil es möchte, soll und darf --
nur einfach, weil es muss...

Die Puppe

Ein kleines Kind hat eine Puppe,
wenn es ein Mädchen ist.
Die füttert es mit Erbsensuppe
und was es sonst nicht mag -
Die Puppe aber isst.

Lässt sich auch gerne "Tinchen" heißen
und ohne alle Schmerzen
zur Not ein linkes Bein ausreißen
und gleich dann wieder herzen!

Wer tät' das sonst!?

Ein Junge hat da große Sorgen:
Er muss erst eine Puppe borgen
und fürchtet, weil sie nur geliehen,
ein Bein, das fehlt, wird nicht verziehen...
Wer weiß - vielleicht ja doch!?

Die Puppe, ohne Bein und Kragen,
stellt - wenn! - erst später ihre Fragen:

Geht es dir gut?
Hast du mich lieb?
Vergiss mein nicht! -

Und: Weißt du noch?

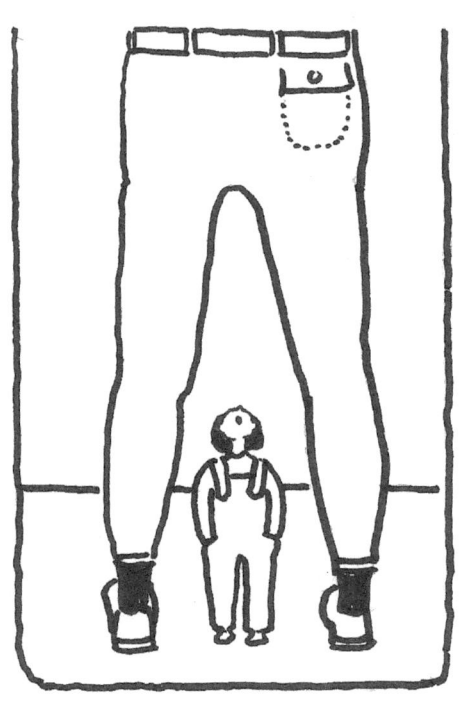

An die Erwachsenen

Ein kleines Kind --
Erwachsene sind
in seinen Augen fünf Meter groß.
Und breit wie Schränke.
Und unglaublich alt...

Ein Kind nie kränke!

Auch ohne das, nebst deiner Blöße,
entdeckt es deine wahre Größe
bald...

Dann mach dich nicht zu einem Floh!
Bleib, der du bist.
Sei lebensfroh! --

Dass, wenn es dich am Ende misst,
dein Kind in Kilo-Metern zählt
und nicht vergisst:

dir a) von Herzen zu vergeben
und b) zwei Handbreit zuzugeben.

Deine Brut

Ein kleines Kind ist nicht wie du,
es ähnelt dir nur sehr
an Stirne oder Nase...

Wärst du ein Feld- und Wiesenhase,
gliche es dir mehr!

Was soll's!? --

Mit Recht bist du so stolz
auf deine Kinder, deine Brut!
Und setzt sich eines deinen Hut,
den du nie trägst, keck auf die Ohren,
fühlst du wie neugeboren...

Und weißt bestimmt,
dass alles gut!

PS: Großes Rätsel

Ein kleines Kind, das welche hat,
darf sich ruhig gratulieren!
Es sind nur zwei, doch im Quadrat,
so dass sie sich summieren
zu vieren, falls es, wie gesagt,
noch alle schön beisammen hat...

Nie find'st du bessren Kamerad!
Und wirst ein solcher erst betagt.

Von wem ist wohl die Rede?

Richtig - von den Großeltern!

Im Zoo

Ein kleines Kind besucht den Zoo,
von Tier zu Tier geschoben,
und hält dabei beglückt und froh
die Ärmchen hoch erhoben:

Es zeigt dir, was du selber siehst,
will seine Freude teilen,
und während du die noch genießt,
heißt es schon weitereilen

zum Papagei, tropisch sein Ort
im Diorama-Eden,
doch der entlockt dem Kind kein Wort --
Warum auch immer reden!?

Das lernt dein Kind noch früh genug
und tanzt schon bald im Reigen
der Wörter, drei- bis neunmalklug,
beim Papagei darf's schweigen.

Das Märchenschwein

Ein kleines Kind wünscht sich ein Tier,
am besten eins zum Reiten,
und eignet es sich nicht dafür,
eins zum An-Leinen-Leiten:

"Das geht mit mir, wohin ich will,
darf immer mich begleiten!
Ich bin auch artig, lieb und still
und will mich nie mehr streiten!"

"Klingt wie im Märchen, liebes Kind -
doch immer brav, das muss nicht sein!
Denn weil wir liebe Eltern sind,
gibt's bald auch so ein ---
Märchenschwein!"

"Ein Märchenschwein!?"
Das Kind schaut groß,
"kann man das richtig sehen!?"
Der Vater nickt bloß und geht los,
ein Meerschweinchen erstehen.

F. CHRISTOPH SCHIERMEYER

Geboren 1952 in Höxter
als zweites von neun Geschwistern

Gymnasialzeit in einem Internat
der Augustiner in Münnerstadt

Danach drei Jahre lang Mitglied
des Dominikaner-Ordens

Von 1977 bis 1992 Filmvorführer
in verschiedenen Bonner Kinos

Anschließend vornehmlich Hausmann
in einer fünfköpfigen Familie

Lebt in Windhagen/ Westerwald

Internetseite:

www.fcschiermeyer.online